AF338985

NOTICE BIOGRAPHIQUE

SUR

G. BACHMANN

Pianiste de S A I. Madame la Grande-Duchesse Marie de Russie,
professeur honoraire à l'Institut Impér. Nicolas de Saint-Pétersbourg
etc., etc.

PAR

ALBERT SOWINSKI

ANGERS

TYPOGRAPHIE DE J. LEMESLE ET MÉHOUAS
4, PLACE SAINT-MARTIN, 4

1867

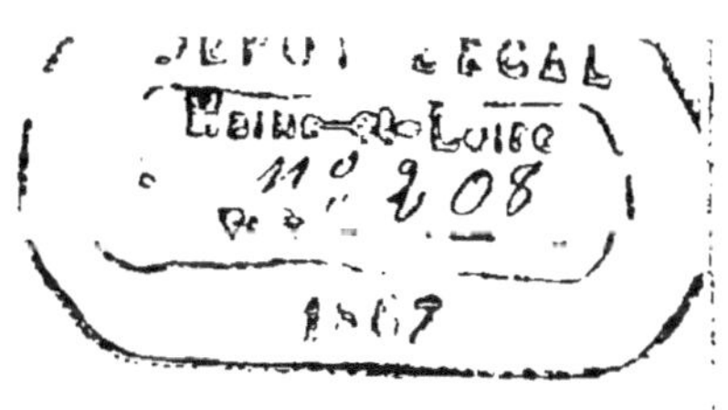

NOTICE BIOGRAPHIQUE

SUR

GEORGES BACHMANN

NOTICE BIOGRAPHIQUE

SUR

G. BACHMANN

Pianiste de S. A. I. Madame la Grande-Duchesse Marie de Russie
professeur honoraire à l'Institut Impér. Nicolas de Saint-Pétersbourg
etc., etc.

PAR

ALBERT SOWINSKI

ANGERS

TYPOGRAPHIE DE J. LEMESLE ET MÉHOUAS
4, PLACE SAINT-MARTIN, 1

1867

NOTICE BIOGRAPHIQUE

SUR

GEORGES BACHMANN

Georges Bachmann, né le 27 avril 1847, commença le le piano de bonne heure, sous la direction de sa mère, qui avait acquis un beau talent de pianiste à la maison impériale de la Légion d'honneur.

Il eut ensuite pour professeur, M. Roulau-Neldy, organiste et pianiste distingué de Saumur ; revenu à Tours, il rentra au lycée de cette ville, et ce ne fut que trois ans plus tard qu'il put reprendre sérieusement l'étude de la musique.

Il travailla alors la composition, l'orgue et le piano, fit de la musique d'ensemble avec M. Van Gelder, violoncelle solo du roi des Pays-Bas, qui, ayant reconnu au jeune Bachmann les qualités qui font les artistes d'élite, se dévoua complétement pour arriver à en faire un musicien remarquable.

Il débutait avec lui dans un concert, à l'âge de quinze ans, avec un grand duo concertant pour piano et violoncelle, qui lui valut une brillante ovation.

Il prit alors les leçons de l'un des princes du piano, Louis Lacombe (de Paris) homme d'un talent immense qui lui fit faire de rapides progrès.

On l'engagea à faire un voyage en Allemagne et en Russie ; Vieuxtemps lui même, lui offrit des recommandations ; il se décida et partit pour le pays des neiges.

Là, il trouva d'éminents protecteurs, tels que, Tamberlick, Henry Vieniawski, qui, l'ayant entendu devinrent ses amis sincères, le prirent sous leur puissant patronnage et le produisirent en public.

Partout il reçut l'acceuil le plus sympathique et le plus flatteur et, après un voyage de six semaines qui ne fut qu'une suite de triomphes, le jeune virtuose se fixait à Saint-Pétersbourg.

La place de professeur du Cours supérieur de piano au conservatoire de Moscou étant devenue libre par la retraite de Joseph Vieniawski, Tamberlick et Henry Vieniawski

*

(violoniste) lui proposèrent de la lui faire
obtenir, mais il refusa, désirant ne pas quitter
la capitale

C'est alors qu'après s'être fait entendre
devant Henselt (directeur général de tous les
instituts de Russie), il était devenu un des
meilleurs amis de ce grand artiste et recevait
de lui les conseils les plus profitables et les
plus consciencieux. Son talent grandit encore
à la fréquentation d'un homme aussi supérieur et, deux mois après, il était, malgré son
jeune âge, nommé professeur à l'Institut
Impérial Nicolas.

A Saint-Pétersbourg, il fut très-recherché
des dilettantes et se fit entendre fréquemment
à côté de MM. Tamberlick, Vieniawski,
Ciardi, Cavalini, Wurm, solistes de S. M. l'em-
pereur de Russie, fut demandé pour quatre
concerts consécutifs à l'assemblée des artistes,

et, pour trois, au théâtre Impérial Français.

M. Georges Bachmann a eu l'honneur d'être présenté et de se faire entendre, à la princesse Kotchoubey, à la comtesse de Ribeaupierre, à la princesse Souvoroff, à la comtesse Koucheleff, à S. A. I. Madame la Grand Duchesse Marie, dont il devint le pianiste titulaire. Au prince Gortschakoff, au prince Galytcine, au comte Strogonoff, etc., etc.

Mais ne pouvant se faire au climat de la Russie, il fut obligé, malgré tous ces honneurs et tous ces succès, de renoncer à l'avenir brillant qui s'ouvrait devant lui et revint en France en mai 1867.

M. Georges Bachmann s'est acquis une grande réputation en Russie et surtout à

Saint-Pétersbourg, où il est bien connu du public et des artistes.

Ce qui fait que ce jeune artiste se place de droit à la tête de tant d'autres jeunes virtuoses, c'est qu'il possède toutes les qualités requises pour faire le virtuose, le musicien et l'homme. Son éloge, je le ferai en peu de mots. Son jeu, c'est la délicatesse la grâce de la femme, unie à la sûreté, à la tranquilité de l'homme fait, et au feu pétillant de la jeunesse.

L'homme, en dehors de son magnifique talent, possède une éducation très-soignée, un esprit fin, de la distinction et, ce qui ne nuit pas au succès, un joli physique et une belle stature.

Parmi les œuvres de ce jeune artiste qui ont fait sensation, nous citerons : *Polonaise de Concert*, morceau à effet ; — *Valse de con-cert*, joli morceau brillant et léger, — *Les deux Mazurka*, (d'un style distingué et original) ; son *Quatuor-Invocation*, beau style et grande élévation; son *Concerto* (pour piano et orchestre), œuvre d'un grand mérite tant sous le rapport de l'imagination que du savoir et, enfin, sa *Symphonie* en *ré*, dernière composition de l'auteur, dans laquelle il sait faire apprécier son talent de compositeur sous toutes ses faces.

Nous croyons devoir ajouter pour finir, qu'en critique consciencieux et véridique, qu'en artiste expérimenté, nous n'avons rien dit qui ne soit positif, et qu'en écrivant ces quelques pages, nous avons simplement rendu justice à un jeune homme, dont il sera bon de ne point oublier le nom, car, il sera certainement placé, un jour, à côté des hommes éminents de notre époque.

La presse s'accorde à reconnaître le talent de M. Georges Bachmann : nous reproduisons ici quelques passages des comptes rendus.

La Revue de l'Ouest, d'Angers, dit, dans son numéro du 4 mars 1866 :

« Monsieur Georges Bachmann est jeune et
» certes, il a mis le temps à profit, par des
» études sérieuses qui lui font déjà une place
» parmi les artistes de premier ordre. Il a
» exécuté avec brio et la plus grande netteté,
» trois morceaux pour piano, et, entr'autres,
» un *Caprice de Concert* dont il est l'auteur ;
» tous ces morceaux ont été vivement ap-
» plaudis par le public »

Le journal d'Indre-et-Loire à la suite d'un concert s'exprime en ces termes, (8 octobre 1864) :

« M. Georges Bachmann a obtenu un suc-

» cès complet. Son avenir sera brillant. Les
» soli qu'il a exécutés nous ont prouvé qu'il
» jouissait de la pleine intelligence de ce
» qu'il serait ; condition indispensable, et en
» même temps si rare pour faire le véritable
». artiste. »

Le journal du Loiret, du 12 janvier 1867,
qui, au sujet du piano-harmonica, donne
l'apréciation suivante :

« L'audition du piano-harmonica a soulevé
» une véritable tempête de bravos, M. Georges
» Bachmann tenait le piano d'accompa-
» gnement pendant que M, Sowinski touchait
» le nouvel instrument. Le timbre en est
» délicieux, d'une exquise sonorité, douce à
» la fois et bien vibrante. Pour certains effets,
» le piano-harmonica peut rendre de précieux
» services aux orchestres. Il ne sera pas moins
« *utile et agréable* » dans un appartement. Le

» son se marie parfaitement avec celui du
» piano touché délicatement. L'instrument à
» été jugé, avant-hier, digne de hautes appro-
» bations qui lui ont été décernées et que
» nous avons reproduites. Le meuble est fort
» joli. »

La Chronique de l'Ouest s'exprime en ces
termes, à la suite d'un concert donné à Angers
par **M.** Georges Bachmann :

« Jeudi, dans la salle du Cercle du boule-
» vard, M. Georges Bachmann a donné un
» concert vraiment digne d'intérêt. M. Georges
» Bachmann est le fils du facteur de pianos
» bien connu; il est tout jeune quoique, d'une
» stature herculéenne. Son talent, comme
» pianiste est déjà hors de discussion. Il a
» cette mesure sévère qui est plus particulière
» au caractère allemand, et à laquelle en
» France on n'attache pas toujours, en général,

» un assez grand prix ; sa prononciation est
» nette, pure et d'une grande correction ; il
» la conserve aussi dans les mouvements et
» les traits les plus rapides. »

« Il maintient, au morceau qu'il a sous les
» doigts, toute l'animation, la chaleur qu'il
» comporte ; il sait parfaitement donner au
» sujet qu'il traite la couleur et le style qui
» lui conviennent. Nous aimons même à re-
» connaître que M. Georges Bachmann,
» comme tous les artistes qui ont un talent
» réel, a sa manière de jouer à lui, et qui fait,
» en un mot, *qu'il est lui.*

« Dans les parties concertantes, qui exi-
» gent encore quelques nouvelles conditions,
» M. Georges Bachmann ne s'est pas montré
» moins habile, moins bien inspiré ; il sait
» associer son jeu à celui de son partner, et
» connaît à fond cet échange de concessions

» réciproques , d'où naissent l'ensemble et
» l'unité de l'exécution. »

Il nous reste à parler d'un sujet capital, du
Piano-harmonica :

Mais d'abord, pourquoi l'appeller harmonica ?

L'harmonica n'a que des sons aigres ,
vitreux, agaçants, et n'a point de sons graves
dignes de ce nom.

L'instrument dont nous parlons a au con-
traire, des sons d'un timbre *sui generis*, qui
plaisent à l'oreille, et les notes graves sont
vraiment sérieuses.

Je sais bien que l'intérieur est en verre
et que tout harmonica est en verre, mais

la réciproque n'est pas vraie : tout instrument en verre n'est pas un harmonica. Témoin celui dont nous parlons. Enfin ne, chicanons point à ce sujet, le nom ne fait rien a l'affaire.

En prenant ce petit instrument comme il est offert, c'est un caprice fort ingénieux, fort amusant et capable d'être associé aux grands instruments dans des conditions pleines d'intérêt, en les combinant avec goût et intelligence. Mais consdéré seulement comme distraction de société, comme intermède, il tiendra toujours une place dont l'intérêt se ravivera sans cesse par l'usage qu'ou en saura faire. Ce petit instrument-là plaira aux gens riches et fera son tour du monde ; seulement, au lieu de passer de mode, il restera, parce qu'il joint l'utile à l'agréable.

Enfin, à la suite d'un concert donné à l'Assemblée des Artistes, le 19 février 1867, une
correspondance de Saint-Pétersbourg, s'exprime en ces termes.

« M. Georges Bachmann s'est d'abord fait
» entendre sur un nouvel instrument, (le
» Piano-harmonica) patronné par Rossini,
» Listz, etc., etc., qui a excité l'admiration
» générale par le velouté de ses sons, qui,
» tout en étant très-doux, s'entendent dis-
» tinctement de loin ; de plus, son utilité est
» incontestable, sa forme agréable, et nous
» sommes persuadé qu'il est destiné à servir
» à toutes les personnes qui s'adonnent à
» l'étude élémentaire du piano : du reste, on
» a déjà fait de nombreuses commandes, et
» nous ne doutons pas de sa popularité dans
» notre pays. »

Ensuite, M. Georges Bachmann s'est présenté à nous comme soliste, et alors nous avons pu juger de ses qualités, comme exécutant et comme compositeur.

Il a joué seul deux morceaux : une Fantaisie de Prudent sur *le Trovatore*, et une Polonaise de concert avec lui. Ces deux pièces ont été, pour le jeune artiste, l'occasion d'un grand et légitime succès, il a exécuté la transcription sur *le Trovatore*, de façon à mériter une ovation de toutes les célébrités musicales italiennes présentes, ainsi que du public, qui n'a épargné pour l'exécutant, ni les applaudissements, ni les rappels.

Quant à sa Polonaise, composition pleine de goût, de vigueur et de savoir, il l'a exécutée avec un brio et une maestria, digne des plus grands éloges. L'auditoire lui a prouvé tout le plaisir qu'il avait eû à l'entendre, en redemandant avec acclamation , une seconde audition de son œuvre.

M. Georges Bachmann possède les rares qualités qui font les artistes d'élite, et qui, certainement, lui feront un jour un nom, parmi les pianistes compositeurs de notre époque : il a une belle manière de jouer, une tranquillité parfaite, et joint à une grande agilité et à un toucher très-moëlleux, une précision et une verve étonnantes; ajoutez à cela, que la nature s'est montrée mère prodigue en faveur de M. Georges Bachmann, au physique comme au moral, et vous comprendrez les succès du jeune virtuose.

VICTOR IVANOFF.

Angers, imp. Lemesle et Méhouas